CHAMBRE DE COMMERCE BELGE DE PARIS

# CONSÉQUENCES

DE LA

DÉNONCIATION DU TRAITÉ DE COMMERCE

# FRANCO-BELGE



MÉMOIRE PRÉSENTÉ AU COMITÉ

PAR

EUGÈNE ALLARD

Licencié en Sciences commerciales
Secrétaire de la Chambre de Commerce belge de Paris
et du groupe du Vêtement
de l'Union Syndicale de Bruxelles

PARIS

Société d'Imprimerie et Librairie administratives et des Chemins de Fer

PAUL DUPONT

4 — RUE DU BOULOI — 4

—

1891

CONSÉQUENCES DE LA DÉNONCIATION

DU

# TRAITÉ DE COMMERCE FRANCO-BELGE

CHAMBRE DE COMMERCE BELGE DE PARIS

# CONSÉQUENCES

DE LA

DÉNONCIATION DU TRAITÉ DE COMMERCE

# FRANCO-BELGE

MÉMOIRE PRÉSENTÉ AU COMITÉ

PAR

EUGÈNE ALLARD

Licencié en Sciences commerciales
Secrétaire de la Chambre de Commerce belge de Paris
et du groupe du Vêtement
de l'Union Syndicale de Bruxelles

PARIS

Société d'Imprimerie et Librairie administratives et des Chemins de Fer

PAUL DUPONT

4 — RUE DU BOULOI — 4

1891

# CHAMBRE DE COMMERCE BELGE DE PARIS

46 — RUE DES MATHURINS — 46

## COMITÉ ADMINISTRATIF

### PRÉSIDENT

M. NAGELMACKERS, administrateur-directeur général de la Compagnie des Wagons-Lits et des Grands Express Européens.

### VICE-PRÉSIDENTS

MM. Émile ROBERT, négociant-exportateur, président de l'*Union belge ;*
J. D'ANDRIMONT, sénateur, bourgmestre de Liège.

### SECRÉTAIRE

M. Eugène ALLARD, négociant, vice-président de l'*Union belge.*

### TRÉSORIER

André ROMBERG-NISARD, administrateur de sociétés.

### Délégué de la Chambre près des Associations commerciales belges

M. Albert VAN OYE, industriel, membre fondateur.

### MEMBRES

MM. Maurice ANSPACH, ingénieur, administrateur-délégué de la Société *la Métallurgique.*
E. BERGMANN, négociant-exportateur, consul honoraire de Belgique.
M. BRAQUENIÉ, industriel.
Ed. EMPAIN, ingénieur, constructeur de chemins de fer.
Al. LECHAT, ingénieur.
Ed. OTLET, industriel.
G. PALMERS, directeur du dépôt des Cristalleries du Val-Saint-Lambert.
W. RAU, industriel.
Aug. VINÇOTTE, ingénieur civil.

### SECRÉTAIRE-ADJOINT

M. Émile BARY, avocat.

# CONSÉQUENCES

DE LA

DÉNONCIATION DU TRAITÉ DE COMMERCE

# FRANCO-BELGE

---

## I

La date d'expiration du traité de commerce conclu le 31 octobre 1881 entre la France et la Belgique était attendue comme une délivrance par nombre de personnes qui avaient perdu de vue qu'à ce traité étaient annexées des conventions ayant la même valeur et la même durée.

Il fallut, pour rappeler cette situation, une déclaration du ministre belge, dans la séance du 3 mars dernier, à la Chambre des représentants. Le ministre, parlant avec la réserve que lui commandaient ses sympathies pour la France, eut soin de déclarer que la dénonciation des conventions annexes, faite pour sauvegarder les intérêts belges, ne fut résolue qu'après avoir reçu du gouvernement de la République française la dénonciation du traité de commerce de 1881. Il s'agissait des conventions concernant la navigation, la protection de la propriété industrielle (marques de fabrique et dessins industriels) et la propriété artistique et littéraire.

Ce fut une surprise pour ceux qui s'étaient imaginé que la Belgique, attachée aux idées de liberté commerciale, continuerait à les mettre en pratique, sans souci des mesures économiques que la France dirigeait contre elle.

Il est pénible d'avoir à constater que la passion vint se mêler à ces questions d'affaires et que des menaces furent proférées à l'adresse des nations qui songeaient simplement à défendre leur vie commerciale.

Il faut rendre à la Belgique cette justice que malgré les plaintes soulevées par le régime du traité de 1881, elle le subit avec résignation et ne fit rien pour en empêcher le renouvellement.

Son gouvernement garde l'expectative. Il en a donné une preuve nouvelle en résistant aux conseils de ses amis qui l'engageaient à dénoncer d'ores et déjà la convention internationale de Paris conclue le 20 mars 1883 sur la propriété des modèles et dessins de fabrique.

La déception éprouvée, le mécontentement qui en est aujourd'hui la conséquence vis-à-vis de la Belgique, doivent cependant se comprendre.

La nouvelle orientation de la politique commerciale de la France a pénétré jusqu'aux couches profondes de la nation.

Le peuple français, en maintes circonstances, a montré ses préférences pour les idées protectionnistes, et il les a récemment affirmées en choisissant, comme mandataires, des députés qui ont pris l'engagement de protéger, envers et contre tout, l'industrie nationale en supprimant, sur le marché français, la concurrence étrangère.

C'est pour déférer à ce mouvement d'opinion que le gouvernement français a présenté un projet de tarif douanier augmentant très sensiblement les droits existants.

Ce tarif n'est-il pas aussi prohibitif que le fameux bill Mac Kinley qui a soulevé dans toute l'Europe, et particulièrement en France, un douloureux étonnement accompagné de protestations bien justifiées ?

Les protectionnistes que n'aveugle pas la passion voient, avec crainte, le succès de leurs efforts compromis par le refus de la commission des douanes d'accepter les propositions du gouvernement.

En présentant son projet de tarif, celui-ci avait, sans aucun doute, l'espoir de conserver tous les avantages que lui assurent les conventions annexes. Ces avantages pourront-ils encore être obtenus des nations qui verront leurs produits arrêtés à la frontière par des droits qui, sous le nom de taxe minimum, sont pour la plupart prohibitifs ?

Ils seraient compromis à jamais, si le gouvernement français devait, dans ses négociations ultérieures, se retrancher derrière les décisions de la commission des douanes.

Ces craintes prouvent que l'on saisit, en haut lieu, les conséquences des mesures prohibitives.

Quelles que soient sa puissance et son autorité, la France reconnaîtra qu'elle ne peut vivre isolée. Elle a de grands intérêts à défendre ailleurs que chez elle. C'est pour les sauvegarder qu'elle a dû annexer aux traités de commerce ces conventions que la Belgique est contrainte de dénoncer aujourd'hui et dont la résiliation soulève tant d'alarmes.

Le peuple, peu initié à pareilles nécessités, n'admet pas de résistance à ses volontés. De là ses clameurs, son ressentiment même en apprenant que l'étranger veut comme lui sauvegarder ses intérêts.

Il entrevoit, dans les représailles qu'il provoque inconsciemment, l'abandon obligé d'une partie de la protection promise, qu'il considérait déjà comme devant lui donner le bien-être, but de tous ses efforts.

Ses craintes ne doivent-elles pas faire comprendre son mécontentement, si elles ne le justifient ?

Quoi qu'il en soit, nous considérons comme un devoir de faire entendre notre faible voix pour démontrer que ses alarmes sont peut-être prématurées. S'il le veut, le peuple français peut encore, par l'organe de ses mandataires, éviter cette guerre de tarifs qui aura surtout des conséquences désastreuses entre la France et la Belgique, à cause de l'enchevêtrement et de l'identité des intérêts commerciaux des deux pays.

Qu'il n'oublie pas que la nation belge n'a point encore pris position, et ne pourra en prendre une que le jour où elle reconnaîtra que le projet adopté par les chambres françaises n'est plus malheureusement une éventualité redoutable mais une réalité tangible.

Qu'il n'oublie pas surtout qu'en 1889, et d'après la statistique officielle de son pays, la France a envoyé en Belgique pour 570,000,000 de marchandises, tandis qu'elle n'en a reçu que pour 474,000,000.

Il y a lieu de tenir compte que de tous les pays du monde la petite Belgique occupe le deuxième rang d'importance pour ses relations d'affaires avec la France.

Cherchons donc à maintenir, entre les deux pays, cette confraternité économique qui existe depuis tant d'années et qui a été la conséquence de la sympathie réciproque de deux peuples si bien faits pour se comprendre, se respecter et s'aimer.

Le tarif des douanes renferme en lui les intérêts vitaux des nations ; il dirige pour ainsi dire le travail, la production et la consommation de chaque pays.

Les problèmes multiples et difficiles que soulève son établissement montrent qu'il n'est point de question qui intéresse plus directement la vitalité d'un État; c'est la source même de ses revenus qui est en jeu!

Il ne s'agit plus de porter la question sur le terrain théorique. L'heure des résolutions a sonné, il faut ne plus examiner que les faits, les commenter, les comparer en s'inspirant toujours du but de l'institution belge que nous avons aidée à fonder à Paris en obéissant à une nécessité urgente qu'indiquait, dans les termes suivants, Monsieur le ministre du commerce de France, lors de l'inauguration de la Chambre de commerce française à Bruxelles :

> Vous accomplissez, disait-il, une œuvre profitable au bien de tous, au développement général des affaires, en allant étudier parmi les nations alliées, en même temps que les besoins du commerce, les perfectionnements des industries qui peuvent rendre à notre pays de grands et utiles services.
>
> Cette étude, tout le monde a intérêt à ce qu'elle soit faite loyalement, en plein jour, et les peuples, au sein desquels nous organisons nos Chambres de commerce, sont sûrs de trouver en France, là où il leur plaira de venir étudier chez nous notre propre travail, cet accueil favorable qu'ils veulent nous accorder chez eux.

Cette étude urgente, nous voulons la faire au grand jour de la publicité, avec la loyauté qui règle notre ligne de conduite, avec notre désir ardent de resserrer les liens si intimes qui ont toujours uni la France et la Belgique.

En présence d'une situation économique si troublée, nous ne nous dissimulons pas la difficulté de la tâche ardue que nous a imposée la confiance des membres de notre comité.

Mais, nous ne reculons pas devant pareil mandat; nous avons une foi profonde dans le succès de nos efforts, car nous savons que parlant à la France, nous nous adressons à notre sœur aînée, à celle qui, tout en nous accordant la plus large hospitalité a su, au prix de son sang généreux, nous donner le bien qui nous est le plus cher : « l'indépendance et la liberté. »

Modeste interprête de la Chambre de commerce belge de Paris, nous devons rappeler ici le but de cette institution :

S'inspirant des sentiments de sympathie réciproque qui existent entre la Belgique et la France, elle a pour objet de resserrer, dans un intérêt commun, les relations industrielles et commerciales entre les deux pays, de recueillir toutes les informations, de faire toutes les démarches propres à faciliter ce résultat. — Son action s'étend aux sciences et aux arts.

Nous examinerons cette question si complexe du tarif douanier, à établir entre les deux pays, non en théoriciens, mais en gens d'affaires.

Notre situation dans le mouvement industriel et commercial, les doléances que nous y entendons formuler, nous permettent de mettre à profit l'expérience acquise pour renseigner nos compatriotes sur ce qu'ils peuvent faire dans la situation actuelle, comme ce que nous croyons utile pour maintenir l'harmonie économique qui a toujours existé dans les relations des deux pays.

Dans ce travail, nous écarterons toutes les théories d'école. Le péril est trop grand pour s'attarder à de stériles discussions de doctrine. Il ne s'agit pas aujourd'hui d'appliquer des principes d'abstraite spéculation, mais de vivre dans les meilleures conditions possibles, sans nuire aux intérêts de son voisin.

Malheureusement, les idées protectionnistes ont repris le dessus. Chaque pays verra bientôt son domaine commercial limité en ses propres frontières, méconnaissant ainsi l'axiome économique : « les produits s'échangent contre les produits. »

Nous ne croyons pas qu'il nous appartienne de rechercher les causes qui ont déterminé la France à abandonner le système de la liberté commerciale, inauguré il y a une trentaine d'années.

Nous n'avons pas non plus à rechercher quelles seront les conséquences de ce revirement au point de vue de le prospérité commerciale et industrielle de cette grande et noble nation.

Mais ce que nous pouvons et devons faire, c'est indiquer les raisons qui vont obliger la Belgique à suivre, à regret, le système protectionniste; car, l'on croirait à tort que notre pays ne relèvera pas les droits d'entrée et continuera à rester impassible devant cette véritable muraille de Chine qui s'élève, d'une manière prodigieuse, autour de ses frontières.

En nous attachant à démontrer le contraire, nous prouverons que ce n'est pas uniquement sous le coup de la stupeur produite par la lecture du projet de tarif déposé à la Chambre des députés de France en octobre 1890, que la Belgique industrielle a réclamé, elle aussi, à cor et à cri, une nouvelle orientation de sa politique commerciale.

Cette démonstration, nous voulons la faire aussi complète que possible. Elle fera disparaître en France les alarmes que nous constatons. Elle rappellera certainement aux mandataires de la nation belge les vœux déjà émis, lors du traité de 1881, par les organes du commerce et de l'industrie.

Nous aurons ainsi fait connaître à la France, par l'étude de la statistique, les prohibitions qui, pour un grand nombre de produits belges, seraient la suite de la mise en vigueur des taxes proposées, comme elle y verra la nomenclature des produits français qui ne trouveraient plus en Belgique de débouchés, si celle-ci était, à regret, forcée de suivre les conseils non seulement des protectionnistes belges, mais des libre-échangistes qui, comme M. Emile de Laveleye, ne poussent pas jusqu'à l'absolu, c'est-à-dire en matière économique, jusqu'à l'absurde, les conséquences de leur système.

Je suis partisan, disait dans un de ses ouvrages l'éminent écrivain, du système de la réciprocité, c'est-à-dire de ce que les Anglais appellent *fair trade* « commerce sur des bases équitables », et voici pourquoi.

Par le libre-échange quand même, vous perdez les adhérents que vous pourriez trouver à l'étranger et ainsi vous compromettez la cause de la liberté, que vous voulez défendre.

Supposons qu'il s'agisse de la France : elle veut élever les droits sur certains de nos produits, nos charbons, nos fers, nos toiles. Nous disons : Fort bien! mais, dans ce cas, nous frapperons vos soieries, vos vins, vos articles de Paris, etc.!

De cette façon, nous trouverons en France, comme alliés pour combattre cette majoration des tarifs, tous ceux qui produisent des articles, qu'à notre tour nous taxerions plus haut.

Si, au contraire, on sait que, en tout cas, nous n'userons pas de représailles, nous ne trouverons ni dans l'opinion publique, ni dans les Chambres, personne qui aurait intérêt à s'opposer au triomphe complet du protectionnisme.

La récente guerre des tarifs entre la France et l'Italie offre, à cet égard, une très instructive leçon. L'Italie avait majoré les droits sur les produits français; la France en a fait autant sur les produits italiens et bientôt l'Italie a été amenée à proposer des arrangements plus conformes à l'intérêt des deux parties.

Voilà l'attitude et le langage qu'il convient d'adopter.

Terminons cette citation par les craintes exprimées par un ami de la France, M. Aug. Couvreur, ancien vice-président de la Chambre des représentants, et dont les avis peuvent d'autant plus être écoutés qu'ils sont approuvés par la Chambre de commerce française de Bruxelles et reproduits dans son bulletin du 15 février 1891 :

Lorsque nous ne pouvons exporter en France nos produits, nous y exportons nos capitaux, notre science, nos ouvriers. Cela déplaît à nos voisins. Ils nous ont déjà menacé de mettre un impôt sur nos nationaux; ils obligent nos ingénieurs, nos chefs d'usine à se faire naturaliser; ils inscrivent dans les cahiers de charge de leurs adjudications que les établissements français seront seuls admis à concourir; ils veulent que, dans les sociétés françaises, alimentées par des capitaux belges, les actionnaires soient représentés par des administrateurs français. Ce ne sont pas précisément des procédés de bon voisinage et d'entente cordiale; ils contrastent avec les protestations de sympathie, de fraternité, que prodiguent les discours et les toasts officiels et que les journaux répètent sans en approfondir la vanité.

Ce langage si net révèle un état de choses des plus graves.

Le danger est proche — aussi avons-nous la conviction de faire œuvre utile en mettant sous les yeux de nos compatriotes les documents et les faits précis qui leur permettront d'apprécier en connaissance de cause les motifs qui ont décidé les mandataires de la nation française à donner, par leur vote, satisfaction aux exigences de leurs commettants.

Nous suivrons les débats à la Chambre des députés, afin de faire connaître, par nos bulletins adressés à tous nos adhérents, les motifs qui ont déterminé le gouvernement français à maintenir une exemption de taxe ou à établir un droit pour chacun des 654 articles répartis dans son projet de tarif.

Nous résumerons, pour chaque article essentiel, les raisons invoquées par la commission des douanes pour changer le droit proposé par le gouvernement, comme aussi celles qui ont été invoquées, avant le vote, pour fixer le droit de douane à soumettre à l'approbation du Sénat.

Pour que ce travail puisse être complet et donner des explications précises, non seulement au gouvernement belge, mais aussi aux membres du Sénat français appelés à juger en dernier ressort, nous ferons appel au concours de tous les industriels belges qui voudront bien nous faire connaître pour leurs produits respectifs :

1° Les conséquences, au point de vue de l'exportation en France, du droit admis par la Chambre des députés;

2° Le droit qu'ils croient devoir réclamer du gouvernement belge pour les protéger contre les pays qui apportent des entraves à leur débouché.

Nous terminerons plus tard ce travail par un état comparatif des droits que chaque article doit supporter actuellement à l'entrée dans les principaux pays d'Europe et aux États-Unis.

## II

Le tarif douanier belge actuellement en vigueur ne comprend que 60 catégories ou genres différents d'articles ; il n'a guère été qu'une modification à la loi du 14 août 1865, qui généralisa les tarifs conventionnels et supprima le tarif général.

La Belgique libre-échangiste chercha toujours à mettre en pratique les principes qui lui étaient chers.

Une loi du 26 mars 1867 abaissait les droits sur les sucres, celle du 15 mai 1870 décrétait la libre entrée du sel raffiné, et la loi du 3 janvier 1873 affranchissait les denrées alimentaires.

Tel était le régime économique sous lequel vivait la Belgique quand ses délégués vinrent à Paris en 1881 négocier le traité de commerce.

Ce traité a modifié sur plusieurs points le tarif belge. L'arrêté royal du 13 mai 1882 a généralisé l'application des droits en introduisant de notables changements dans la classification des marchandises.

C'est donc le tarif libéral de 1865 abaissé encore par le traité conclu avec la France le 31 octobre 1881 qui régit actuellement les rapports de la Belgique avec les autres puissances.

Les lois des 30 et 31 juillet 1883, du 28 juillet 1885, du 16 avril 1887, des 11, 18 et 30 juin 1887 et du 21 mai 1888 ont également apporté des modifications aux droits d'entrée sur les eaux-de-vie, les tabacs, le cacao, les sucres, les sirops et mélasses, les vinaigres et acides acétiques, les bestiaux, les viandes et le café.

Aussitôt le tarif général français voté et promulgué, après l'enquête dirigée avec un rare talent par M. Méline, président de la commission des douanes, le gouvernement belge dut, pour atténuer les conséquences désastreuses de ce tarif, chercher à en obtenir un autre moins défavorable aux intérêts du pays.

Le résultat des négociations fut consigné dans le traité du 31 octobre 1881, sous la dénomination de « Tarif conventionnel » entrant en vigueur le 9 février 1882, et restant exécutoire jusqu'au 1er février 1892.

Ce traité stipulait dans son article 27 que :

« Dans le cas où aucune des deux parties contractantes
« n'aurait notifié, onze mois avant la fin de ladite période,
« son intention d'en faire cesser les effets, le traité demeu-
« rera obligatoire jusqu'à l'expiration d'une année à partir
« du jour où l'une ou l'autre des parties contractantes l'aura
« dénoncé. »

M. le Ministre des affaires étrangères de Belgique invita les associations commerciales à faire connaître leur avis et leurs vœux afin que les négociateurs belges pussent en tenir compte.

Cette demande formulée tardivement ne permit pas aux organes de l'industrie et du commerce d'étudier dans tous ses effets ce tarif douanier qui introduisait une réforme d'autant plus hardie, qu'elle était moins connue et devait jeter le désarroi parmi ceux même qui avaient pour mission d'en faire connaître les conséquences.

Cette réforme consistait dans la transformation en droits spécifiques des taxes qui, jusqu'alors, étaient fixées à la valeur.

Il fallait donc établir, à bref délai, la relation exacte entre les anciens droits à la valeur et les nouveaux droits spécifiques.

Il fallait, pour chaque industrie, faire un travail de comparaison sous forme d'une démonstration basée sur des chiffres.

Le Ministre demandait un travail parfait ayant subi l'épreuve d'une vérification sévère, d'après un contrôle établi non sur des données souvent intéressées et par cela même exagérées, mais résultant de comparaisons faites entre les chiffres fournis par les différents intéressés.

Ce travail étant impossible à faire dans le délai de six mois demandé, le gouvernement dut maintenir un tarif basé sur le droit *ad valorem* favorisant encore aujourd'hui l'entrée en Belgique des produits au-dessous du droit fixé, grâce aux fraudes nombreuses résultant de ce mode de perception, alors que l'entrée des produits belges en France devenait subordonner au payement d'un droit spécifique.

Par la force des choses, et malgré leur compétence indiscutable, les négociateurs belges durent, devant l'imminence du danger, faire « la part du feu ».

Leur enquête ne put être assez approfondie, et ils furent contraints de sacrifier la petite industrie, presque toujours la plus intéressante, pour sauver, croyaient-ils, les intérêts des centres charbonniers et métallurgiques.

Ils durent, ces esprits libéraux, que le souffle des grands principes de la liberté commerciale animait, négocier sans être munis d'une arme sérieuse, c'est-à-dire sans tarif général.

Ils ne furent guère récompensés de leurs travaux.

Le pays ne put comprendre qu'ils firent toutes les concessions pour obtenir quelques maigres avantages stipulés par le tarif conventionnel.

Les négociateurs furent blâmés par les associations commerciales et industrielles qui ne purent jamais admettre leur participation à l'étude d'une convention douanière, sans les moyens de défense qu'un tarif général seul pouvait leur fournir, puisque seul il pouvait opposer un maximum de droits à des taxes absolument prohibitives.

Il suffit de relire les débats aux Chambres belges pour se convaincre que ce traité a été voté sans le moindre enthousiasme et simplement pour éviter une rupture des relations commerciales et industrielles avec la France.

Si la petite industrie fut sacrifiée, ses représentants prirent la résolution de préparer le travail de revendication, afin qu'à l'expiration de ce traité néfaste, elle pût opposer un tarif général la protégeant comme faisait le tarif français pour les industries similaires. Ce sera l'honneur de l'Union syndicale de Bruxelles, association aujourd'hui si puissante, d'avoir été la première à tenir haut et ferme le drapeau des revendications des humbles et des faibles.

Dès le 12 juin 1880, elle demandait au gouvernement d'établir un tarif général des douanes à l'exemple de la France et de l'Allemagne.

Interpellé à ce sujet, à la Chambre des représentants, le ministre des finances déclarait, dans la séance du 18 janvier 1881, « que les questions relatives au tarif belge sont mises à l'étude et que cette étude serait conduite aussi rapidement que possible. »

Ceci démontre que dès 1880, le pays revendiquait l'établissement d'un tarif général à proposer aux pays désireux de fixer par traité les bases des relations douanières.

S'il est exact que pendant cette période de dix années, le gouvernement n'a pas pris l'initiative préconisée par ses devanciers, il faut reconnaître qu'il a maintenu intacts les principes de liberté commerciale, foulés aux pieds par ses plus fermes soutiens d'autrefois.

La Belgique entière reconnaît aujourd'hui qu'elle a occupé trop longtemps ce poste d'avant-garde et, devant la réaction triomphante chez ses deux puissants voisins, elle doit baisser pavillon, suivre à regret l'impulsion qui lui vient du dehors.

La convention, telle qu'elle résultait du travail des négociateurs, dut être admise par les Chambres belges sans qu'il fût possible d'y apporter le moindre changement. Il n'y eut d'exception que pour l'article 15 du traité stipulant le droit, pour l'administration des douanes, de s'approprier la marchandise déclarée au taux de cette valeur augmentée de 10 0/0.

Pouvoir arbitraire devant lequel le caractère national ne pouvait s'incliner. Des critiques acerbes furent formulées par tous les groupes de l'Union syndicale de Bruxelles et en particulier par ceux du Vêtement et des Fils et Tissus qui condamnaient ce pouvoir discrétionnaire attribué à la douane par cet article 15. Ils le faisaient dans des termes qu'il est utile de produire :

« L'État peut-il, en matière de douane, s'adjuger le droit de confisquer une marchandise sans que le légitime propriétaire de celle-ci puisse exercer son recours ?

« Ce droit, qui s'explique et se justifie complètement lorsqu'il s'agit de contrebande, ne devient-il pas excessif et abusif lorsqu'il s'agit de désaccord seulement au sujet de la valeur attribuée à l'objet déclaré ?

« L'État qui, par des lois, garantit à un inventeur la propriété de son invention, à un industriel, à un commerçant, la propriété d'une marque, a-t-il le droit de s'emparer sans appel des produits que cet inventeur, cet industriel ou ce négociant introduira dans le pays, sous la seule raison que la douane estime que ces produits sont déclarés d'une manière insuffisante ?

« L'État, qui impose à ses fournisseurs des dommages et intérêts pour la non-exécution de leurs engagements, pourra-t-il, lorsque ces engagements porteront sur des produits étrangers que la douane, jugeant sans appel, aura préemptés, l'État pourra-t-il, dans ces cas, légalement encore exercer des demandes en dommages et intérêts ?

« Et dans toutes les circonstances où il y a un contrat nettement défini pouvant, en cas de non-exécution, donner ouverture à des dommages et intérêts, ces demandes pourront-elles s'exercer en présence d'une confiscation opérée sans appel ?

« Est-il juste et équitable qu'une administration, si honnête, si éclairée qu'elle puisse être, soit en même temps juge et partie ?

« Est-il juste et équitable que l'importateur puisse être exposé à subir, sans avoir le droit d'en appeler, les effets de l'incompétence, du caprice ou du mauvais vouloir de l'un ou l'autre préposé de la douane ?

« Les abus que l'administration des douanes semble ne pas redouter parce que, dit-elle, la préemption ne s'exercera plus dorénavant au profit des employés de l'administration, mais pour le compte de l'État, ces abus ne devons-nous pas redouter de les voir se reproduire fatalement, parce qu'ils auront leur source dans un droit exercé d'une manière arbitraire, sans que l'une des parties en cause puisse recourir à la décision d'une juridiction désintéressée?

« Enfin, est-il admissible que l'importateur puisse être exposé à voir son honneur entaché de cette qualification de fraudeur qui lui aura été infligée arbitrairement par le fait d'une préemption sans appel?

« Si l'importateur a bien déclaré, il ne perd rien, répond l'État, puisque je lui paye la valeur déclarée augmentée de 10 0/0.

« Mais croit-on que cette augmentation de 10 0/0 sera l'équivalent du bénéfice que l'importateur peut réaliser et que dès lors il n'ait plus rien à réclamer?

« Croit-on que ce bénéfice sera une compensation suffisante pour celui qui a la propriété exclusive d'un produit?

« Croit-on que ce bénéfice pourra couvrir les dommages et intérêts auxquels une non-exécution de contrat donnera lieu?

« Nous reconnaissons avec le gouvernement que le système actuel de l'expertise ne donne pas des résultats satisfaisants; qu'il n'oppose à la fraude qu'un moyen de répression souvent illusoire.

« Tout ce qu'il y a d'honnête dans le commerce est d'accord sur ce point, et, rejetant bien vivement toute insinuation tendant à faire croire que le commerce ne cherche qu'à frauder les droits, nous n'hésitons pas à affirmer que tout le commerce honnête est prêt à soutenir toute modification au système actuel qui serait de nature à assurer une perception uniforme des droits de quelque nature que ceux-ci puissent être. »

Devant de telles protestations, les mandataires de la nation repoussèrent ce malencontreux article 15, et le gouvernement fut obligé de le modifier. L'article actuellement en vigueur laisse à l'importateur le droit de choisir entre l'ancien système de 1861, c'est-à-dire l'expertise, et celui que stipule le traité. Cette décision faisait taire toutes les protestations en condamnant à jamais la perception *ad valorem*. La supériorité du droit spécifique réside donc dans une considération de moralité publique, qui consiste à éviter la tentation de tromper le fisc et à donner aux commerçants la certitude de voir les produits étrangers acquitter rigoureusement les taxes dont ils sont frappés.

L'examen par les Chambres belges de ce traité de 1881 devait avoir un autre résultat.

Le pays, par suite des circonstances que nous venons d'indiquer, avait dû y adhérer; mais son adhésion, si résignée qu'elle fût, devait être pour lui d'un grand enseignement.

Sans s'inquiéter de ce que le gouvernement se proposait de faire, il prit lui-même la charge de préparer un tarif général, indiquant les taxes à percevoir sur les produits venant de l'étranger.

Dès le 15 avril 1882, le groupe, si important, du Vêtement de l'Union syndicale de Bruxelles adressa aux représentants des différentes industries et des diverses branches de commerce du pays le questionnaire suivant :

« 1. *Quel est le* quantum *de la baisse :*

« *a.* Sur la matière première que vous employez?

« *b.* Sur la marchandise que vous fabriquez ou dont vous faites négoce, depuis l'époque de la fixation des tarifs actuellement en vigueur?

« 2. *Quel est le droit* ad valorem *que peut supporter le produit importé?*

« 3. *En cas d'abaissement des droits actuels sur les matières premières, de quelle quantité peut-on réduire les droits sur les fabricats sans nuire à l'industrie nationale?*

« 4. *Quel serait le droit à fixer au poids correspondant au chiffre admis pour la valeur? Ce droit doit-il être uniforme ou soumis à une échelle suivant la qualité de la marchandise?*

« 5. *Dans votre genre d'industrie, quel est le mode préférable de perception des droits et quels sont les motifs de cette préférence?*

« 6. *Quelle est l'importance approximative :*

« *a.* De l'importation?

« *b.* De la consommation en Belgique de votre article? ».

Des réponses parvinrent en grand nombre; négociants et fabricants prirent part aux multiples séances des différentes commissions d'enquête.

Leurs renseignements nous serviront dans l'examen que nous ferons des droits à proposer pour le tarif général belge en les mettant en parallèle avec ceux du tarif soumis aux délibérations des Chambres françaises.

Il est utile de remarquer que cette enquête partielle s'attachait surtout aux réformes de détail qui intéressent les petits commerçants, dont les revendications méritent d'être écoutées.

Elle dura deux années. Ensuite vint l'enquête générale que l'Union syndicale de Bruxelles organisa et dont les bases furent fixées dans une circulaire du 7 janvier 1888, où se montre bien l'esprit libéral qui devait y présider.

. . . . . . . . . . . . . . . . . . . . . . . . . . . . .

Les questions soulevées sont d'une importance qui ne vous échappera point.

En effet, la date à laquelle nos traités de commerce devront être renouvelés est proche, et il importe beaucoup que les négociateurs belges soient mis en possession de documents et de faits précis, de nature à leur permettre d'apprécier la situation économique de notre pays et d'obtenir des puissances étrangères, avec lesquelles ils auront à discuter les bases de nouvelles conventions douanières, une satisfaction légitime pour les intérêts de nos nationaux.

Il ne s'agit pas de réclamer certains droits en vue d'une protection à la fois égoïste et éphémère, dont le seul résultat appréciable serait la fortune de quelques-uns au détriment de la masse.

. . . . . . . . . . . . . . . . . . . . . . . . . . . . .

Elle aussi formula le questionnaire suivant :

« 1° *Êtes-vous partisan d'un tarif général devant servir de base à la conclusion des traités de commerce?*

Il résulte des réponses que :

120 industriels ou négociants se sont prononcés en faveur de l'élaboration d'un tarif général ;

5 seulement s'opposèrent à l'existence d'un tarif général;

« 2° Quels sont les *desiderata* que vous avez à formuler au nom des intérêts que représente votre industrie ou votre commerce? Quelles sont les anomalies que vous constatez dans le traité de commerce actuellement en vigueur? »

158 demandent la réciprocité;

7 demandent le libre-échange absolu;

Ces *desiderata* et ces anomalies nous les signalerons, par la suite, dans l'examen que nous ferons de chacun des articles du tarif français.

« 3° Quel est, en ce qui concerne votre industrie ou votre commerce, le meilleur mode de tarification, en matière de droits d'entrée? Faut-il prendre pour base la valeur ou le poids, le volume et la quantité? »

151 se prononcent en faveur de la tarification au poids;
15 se prononcent en faveur de la tarification à la valeur.

Pendant que ces enquêtes se pratiquaient à Bruxelles, on ne restait pas inactif en province et, déjà en décembre 1886, l'Association cotonnière de Gand, par les mêmes arguments que ceux invoqués aujourd'hui par la grande majorité des associations commerciales françaises, demandait l'élaboration d'un tarif général inspiré par le tarif français.

L'enquête de l'Union syndicale de Bruxelles eut un grand retentissement dans le pays et elle aboutit à l'expression des vœux suivants :

1° Remaniement et complément du tarif actuel, qui deviendrait le tarif général, dans lequel les droits sur les produits entièrement achevés ou confectionnés ne dépasseraient pas 10 0/0;

2° Proportionnalité du droit en raison du degré d'achèvement de la marchandise, c'est-à-dire en raison de la quantité de travail incorporé.

Il est certain que ces vœux formulés, il y a deux ans, ne répondent plus aujourd'hui au sentiment public qui réclame une augmentation du droit de 10 0/0.

Le dernier vœu formulé rencontra une approbation unanime; il demandait :

3° Perception rigoureuse et aussi exacte que possible des droits et tarification au poids, autant que faire se peut, avec revision périodique pour maintenir le poids en rapport avec la valeur.

Le mode de tarification actuellement en vigueur en Belgique est non seulement la cause d'abus scandaleux, mais il renferme des anomalies nombreuses, entre autres celles qui établissent des droits spécifiques pour les tissus écrus et des droits *ad valorem* pour les tissus imprimés.

Sa perception impose l'obligation de rencontrer, dans le personnel douanier, des hommes assez compétents pour fixer sans erreur la valeur exacte des articles au jour même où ils sont soumis à leur appréciation.

Compétence impossible à trouver, même parmi les commerçants, qui ne peuvent avoir la connaissance exacte de tous les changements qui s'opèrent dans les prix des marchandises.

Aussi peut-on assurer que le mode de tarification spécifique en vigueur en France donne satisfaction et garantie aux importateurs.

Il suffira que la Belgique établisse son tarif général sur les bases du droit spécifique, en ayant soin d'indiquer dans la loi le mode de nomination des personnes ayant une compétence spéciale pour juger, en cas de litige, si la classification du produit déclaré est conforme à l'esprit et au texte du tarif douanier.

Le gouvernement belge ne pouvait rester indifférent à toutes ces manifestations du monde commercial et industriel. Un arrêté royal du 6 juillet 1890 instituait le Conseil supérieur de l'industrie et du commerce, dont l'organisation s'imposait, afin de fournir au gouvernement des avis sur la situation des diverses industries et du commerce, notamment en vue de l'expiration des traités.

Par une innovation heureuse, les électeurs appelés à former ce nouveau rouage administratif se composaient de tous les industriels et commerçants, *sans distinction de nationalité*, payant au Trésor une patente de 20 francs au moins. — Par une grâce toute spéciale, les femmes eurent le droit de vote.

Ce fut, comme on l'a dit, le suffrage universel des patentés.

Dans leurs comices, ces électeurs, qui ne connaissaient pas le nouveau tarif douanier que la France se dispose à appliquer à la Belgique, n'hésitèrent pas à choisir leurs mandataires parmi ceux qui leur promettaient la défense de leurs intérêts, par l'élaboration d'un tarif général de douane ayant les mêmes bases que le tarif français actuellement en vigueur.

Tous ces faits ne démontrent-ils pas que ce n'est point sous le coup d'une menace de fermeture du marché français, que la Belgique est entrée résolument dans la voie de la protection, mais bien parce que ses intérêts, compromis par le traité de 1881, l'y obligent ?

## III

Nous avons dit, que d'après la statistique officielle française de 1889, la dernière publiée, la France a exporté en Belgique pour. . . . . . . . . . . . . . . 570,000,000 fr. de marchandises, alors qu'elle n'en a reçu de Belgique que pour. . . . . . . . . . . . . 474,000,000

Soit une différence de. . . . . . . . . 96,000,000 fr.

Les adversaires du projet de tarif soumis à l'examen de la Chambre des députés, ont soin de signaler les dangers de la perte d'un pareil client qui achète à la France pour 96 millions de francs de plus qu'il ne lui vend. Ils ajoutent, avec raison, que les partisans de ce projet de tarif auraient tort de s'imaginer que la Belgique va continuer à laisser les produits français pénétrer chez elle à la faveur des droits actuels, tandis que la France ferme son marché aux produits belges.

Cet argument péremptoire, basé sur des chiffres officiels et d'après une statistique parfaite, n'a pas déconcerté les défenseurs du système prohibitif. Ceux-ci, poussés dans leur dernier retranchement, se sont rabattus sur la statistique officielle belge qu'ils savent établie d'une manière rudimentaire.

A leur grande joie, ils y ont trouvé des chiffres tous différents de ceux relevés par la statistique française.

En effet, le tableau officiel du commerce belge indique pour la même année 1889, que la Belgique a exporté en France pour . . . . . . . . . . . . . . . 352,794,000 fr.
de marchandises alors qu'elle n'en a reçu de la France que pour. . . . . . . . . . . . 322,747,000

Soit une différence de . . . . . . . . . 30,047,000 fr.

On voit, d'après ces chiffres, que la situation serait complètement renversée et que la Belgique exporterait en France plus qu'elle n'y achète : la différence serait à son avantage de plus de 30 millions.

Ce résultat permet aux partisans de la prohibition, de dire qu'ils ne comprennent pas l'intérêt qu'aurait la Belgique à mécontenter son meilleur client; ils en arrivent ainsi à cette conclusion que l'on peut, sans danger, voter les droits proposés par le gouvernement et même les droits surélevés de la commission des douanes.

Afin de rétablir la vérité, il est utile de rappeler les procédés en usage dans chacun des deux pays, pour le classement des marchandises à l'entrée et à la sortie, classement qui permet d'établir ces tableaux statistiques si diversement interprétés.

En France le tableau général du commerce avec les colonies et les puissances étrangères est dressé par la commission permanente des valeurs.

Cette commission composée d'hommes compétents, ayant un mandat défini est présidée par une personnalité hautement appréciée non seulement en France, mais à l'étranger. Cette commission se divise en cinq sections réparties comme suit :

## PREMIÈRE SECTION

### Direction et centralisation du travail.

Cette section est formée des fonctionnaires supérieurs, c'est-à-dire du directeur général des douanes, du directeur des affaires commerciales et consulaires au Ministère des Affaires étrangères, de l'administrateur des douanes, du chef de bureau des archives commerciales à la Direction générale des douanes et du chef du bureau du mouvement général du commerce au Ministère du Commerce et de l'Industrie.

Cette section, la plus importante, est chargée de transmettre aux autres, les renseignements de l'administration générale, afin que chacune d'elles puisse vérifier si les indications données sont conformes à celles constatées chaque jour dans le mouvement des affaires et de faire connaître la valeur marchande des produits exportés ou importés. Les membres de cette section ont pour mandat de centraliser tous les renseignements et les observations, afin d'établir d'une manière exacte le tableau général du commerce de la France avec ses colonies et les puissances étrangères.

### DEUXIÈME SECTION

Celle-ci s'occupe des produits des fermes, denrées et produits exotiques, grains et farines, fruits, légumes, engrais, chevaux et bestiaux, boissons et produits alcooliques, sucres, mélasses, denrées coloniales, plants d'arbres, plantes, bulbes, etc.

Les divisions sont nettement établies, et pour chaque produit il y a des hommes capables d'apprécier la valeur des renseignements donnés par l'administration.

C'est le même principe qui préside aux travaux des sections suivantes :

### TROISIÈME SECTION

Minéralogie, métallurgie et bois, métaux, ouvrages en métaux, houilles et bitumes, bois de construction, bois exotiques, bois à brûler, articles de bâtiments et minéraux.

### QUATRIÈME SECTION

Matières textiles, fils et tissus, soie, laine, coton, lin, chanvre, jute, tulles, passementeries, bonneterie et vêtements.

Cette section, dont l'importance est réelle, comprend à elle seule 48 membres tant industriels que négociants.

## CINQUIÈME SECTION

Matières de fabrication et objets fabriqués divers, papiers, caractères d'imprimerie et tout ce qui se rattache à la typographie, drogueries, produits chimiques et pharmaceutiques, teinture, couleurs, parfumerie, savonnerie, cuirs et peaux, sellerie et carrosserie, poils pour la chapellerie, brosserie, chapeaux de paille, bimbeloterie, tabletterie, fleurs artificielles, sparterie, poterie et porcelaine, verres et cristaux, bijouterie et articles de l'industrie parisienne, métaux ouvrés ou façonnés, objets d'art, quincaillerie et coutellerie, armes.

Nous avons indiqué les différentes divisions de ces sections, afin que, dans un avenir très rapproché, elles puissent servir de modèle pour l'organisation d'une commission semblable en Belgique, où, nous le constatons avec peine, tout reste encore à faire pour l'élaboration pratique du tableau annuel du commerce belge avec les pays étrangers.

Chez nous, comme en France, on trouvera parmi les membres des chambres syndicales des citoyens capables, dévoués, désintéressés, pour contrôler et donner à l'administration les renseignements qu'elle doit actuellement puiser trop souvent à des sources peu sûres. Cette réunion d'hommes dont la réputation d'honorabilité et de connaissances professionnelles sera à l'abri de toute suspicion, formera une commission qui aidera puissamment les fonctionnaires supérieurs de l'administration à établir une statistique sérieuse.

Maintenant que nous connaissons la composition de la commission permanente des valeurs, voyons la manière dont elle établit ces statistiques qui doivent fournir de puissants arguments aux décisions des mandataires de la nation.

L'article 19 de la loi du 16 mai 1863 porte que toute marchandise qui entre en France ou qui en sort doit être présentée au plus prochain bureau et déclarée en douane.

Cette prescription est d'autant plus facilement appliquée qu'elle a comme corollaire l'article 3 de la loi du 22 janvier 1872 qui établit, pour subvenir aux frais de la statistique commerciale, un droit « dit de statistique » à l'entrée et à la sortie.

Pour tous colis indistinctement, sauf les petits bagages à la main portés par les voyageurs, par colis . 10 centimes.

Marchandises en vrac, y compris les houilles et les matériaux de construction, par 1,000 kilos ou mètres cubes . . . . . . . . . . . . . . . 10 —

Animaux vivants ou abattus, par tête . . . 10 —

Il est fait des exceptions assez nombreuses pour des marchandises de peu de valeur qui, au lieu de payer 10 centimes par colis, payent par 1,000 kilos, quel que soit le mode d'emballage ou de revêtement. D'autres encore payent exceptionnellement par dizaine de colis.

Pourquoi ne pourrions-nous pas avoir, dans notre réforme douanière, le même droit de statistique qui permettrait, comme en France, de subvenir aux frais qu'óccasionne le fonctionnement de la commission des valeurs?

Grâce à ce droit minime, on possède en France des données certaines, pour la fixation de la quantité et de la valeur des marchandises qui entrent et sortent du pays. Toutes passent sous les yeux vigilants et des employés de la douane, et des agents de l'octroi qui, ainsi, dans la mesure de leurs attributions, coopèrent au travail de statistique.

En Belgique, rien de semblable n'existe; l'administration n'ouvre pas assez les yeux sur les indications données par les importateurs lorsque les marchandises entrent en franchise de droits, ce qui est le cas le plus fréquent. Pour celles qui sont taxées à l'entrée, elle est toujours induite en erreur par les déclarations *ad valorem* qui donnent lieu aux fraudes que nous avons signalées. Nous nous demandons sur quelles bases véridiques les fonctionnaires supérieurs de l'administration des douanes, seuls chargés de l'établissement de la statistique officielle, échafaudent leurs renseignements pour fixer ce tableau d'entrée et surtout de sortie des marchandises?

Ces faits démontrent à toute évidence que la statistique officielle belge ne peut être l'expression de la réalité. D'autres, que nous allons signaler, prouveront que les partisans de la rupture des relations commerciales de la

France et de Belgique tombent dans une erreur impardonnable en affirmant que la France importe plus de produits belges qu'elle n'expédie de produits français en Belgique. Leur erreur provient de ce qu'ils confondent à plaisir les chiffres du commerce général avec ceux du commerce spécial. Il est nécessaire de bien déterminer la distinction établie, d'un accord tacite, par les deux pays pour faire figurer dans leurs statistiques respectives les chiffres de chacune des deux catégories.

Le *commerce général* comprend à *l'exportation* toutes les marchandises qui sortent d'un pays sans distinction de leur origine nationale ou étrangère.

Le *commerce général* comprend à l'*importation* toutes les marchandises qui entrent dans le pays, sans avoir égard à leur destination ultérieure soit pour la consommation, l'entrepôt, le transit, ou les admissions temporaires.

Le *commerce spécial* comprend à l'*exportation* la totalité des marchandises nationales et les marchandises étrangères qui sont renvoyées à l'étranger après avoir été admises en franchise ou nationalisées par le payement des droits d'entrée.

Le *commerce spécial* comprend à l'*importation* les marchandises qui ont été déclarées pour la consommation intérieure, lors de l'importation ou de la sortie d'entrepôt.

Nous avons vu qu'en France les valeurs des marchandises sont déterminées annuellement par la commission, avec le concours des Chambres de Commerce; tandis qu'en Belgique, elles sont fixées simplement par quelques fonctionnaires de l'administration qui, nous l'avons prouvé, ne peuvent avoir la science infuse; de là, des erreurs que nous signalerons pour quelques produits et qui se remarquent en grand nombre dans la statistique belge.

Celle-ci mentionne, pour 1889, que la Belgique a *exporté* en France, au *commerce général*, pour 606,046,000 francs. Les marchandises les plus importantes de ce commerce sont :

*****

1° Laine (provenant en totalité de l'étranger) . . . . . . . . . . . . . . . 96,148,000 fr.

2° Houille (en presque totalité de provenance belge) . . . . . . . . . . . . 52,563,000 fr.

3° Matières textiles brutes. (chanvre, étoupe, lin) venant d'Allemagne, d'Angleterre, de Russie, etc . . . 45,975,000 fr.

4° Pierres brutes, ouvrées et ardoises pour toitures (de provenance belge). . 37,349,000 fr.

5° Engrais (provenant en totalité de l'étranger) . . . . . . . . . . . . . . . 19,197,000 fr.

6° Grains de toutes espèce (provenant en totalité de l'étranger) . . . . . . . . . 18,603,000 fr.

Au *commerce spécial*, nous remarquons que la Belgique a exporté en France pour 352,794,000 francs.

Les marchandises les plus importantes de ce commerce sont :

1° Houille (en presque totalité de provenance belge). . . . . . . . . . . . . 50,575,000 fr.

2° Pierres brutes, et ardoises pour toitures (de provenance belge). . . . . . . . . 36,991,000 fr.

3° Matières textiles brutes. (chanvre, étoupes, lin) de provenance étrangère. . 25,138,000 fr.

4° Engrais (de provenance étrangère). . . 17,927,000 fr.

5° Grains de toute espèce (de provenance étrangère). . . . . . . . . . . . . . . 17,897,000 fr.

L'examen de ces chiffres ne démontre-t-il pas à la dernière évidence que même au *commerce spécial* la Belgique exporte en France des produits de provenance étrangère, *qui sont relevés comme produits belges parce que les exportateurs, pour se soustraire aux formalités inhérentes au transit, déclarent pour la consommation des marchandises libres à leur entrée en Belgique?*

Prenons, par comparaison, la statistique française et que constatons-nous?

La France a exporté en Belgique au *commerce général* pour 649,654,000 francs.

Les marchandises les plus importantes de ce commerce sont :

| | |
|---|---|
| 1° Les laines et déchets de laine (en presque totalité de provenance étrangère). | 115,632,000 fr. |
| 2° Tissus, passementerie et rubans de laine (de provenance française). . . . | 38,209,000 fr. |
| 3° Fils de laine (de provenance française) | 28,111,000 fr. |
| 4° Vins (de provenance française). . . . | 26,445,000 fr. |
| 5° Outils et ouvrages en métaux (de provenance française). . . . . . . . . . | 23,717,000 fr. |

Ces chiffres du commerce général démontrent que les **exportations de la France en Belgique** pour les cinq principaux produits sont formées, en grande partie, de marchandises exclusivement françaises, ce qui est hors de conteste pour les produits du *commerce spécial* qui sont les suivants :

*Exportation de France* en Belgique (commerce spécial) et d'après la statistique française :

| | |
|---|---|
| 1° Laines et déchets de laine (en presque totalité de provenance étrangère, mais ayant subi en Franco un travail important tel que lavage, peignage, etc.) . . | 115,006,000 fr. |
| 2° Tissus, passementerie, rubans de laine (de provenance française). . . . | 36,575,000 fr. |
| 3° Fils de laine (de provenance française) | 28,110,000 fr. |
| 4° Vins (de provenance française). . . . | 25,879,000 fr. |
| 5° Outils ouvrages en métaux (de provenance française). . . . . . . . . . | 15,800,000 fr. |

Les chiffres de ce relevé, tirés de deux statistiques différentes et dont l'une laisse beaucoup à désirer, comme nous l'avons prouvé, démontrent d'une manière irréfutable que la Belgique est pour la France sa meilleure cliente. C'est surtout vers notre pays qu'elle exporte non seulement ses vins, les produits de ses colonies, mais aussi ses articles manufacturés, dont elle fait venir la matière première des contrées lointaines donnant ainsi à sa marine marchande une activité précieuse.

Ces chiffres établissent que nous ne lui expédions que des produits venant en grande partie de l'étranger par le port d'Anvers et par l'intermédiaire de services maritimes également étrangers.

Si nous n'avions pas dû borner notre démonstration à quelques catégories de marchandises, nous aurions fait voir que les produits manufacturés belges, sous l'empire du tarif protectionniste de 1881, ne peuvent presque plus franchir la douane française, laquelle n'aurait plus guère à exercer son contrôle sur l'entrée des marchandises belges, si les Chambres votaient les nouveaux droits proposés.

Devant de tels faits, n'est-ce pas un épouvantail assez inoffensif que ces déclarations qui consistent à menacer la Belgique de frapper, d'une taxe exorbitante, la houille qui paye actuellement 1 fr. 20 d'entrée par tonne et que le gouvernement, pas plus que la commission des douanes, ne peuvent augmenter pour les raisons suivantes indiquées par le gouvernement lui-même dans son exposé des motifs du projet de loi :

Sur quelques articles même, en particulier en ce qui concerne la houille, nous avons été amenés, déclare le Ministre du Commerce, à adopter le même droit aux deux tarifs et nous avons suivi cette ligne de conduite dans tous les cas où nous avons acquis la conviction qu'une augmentation quelconque des droits inscrits au tarif minimum serait de nature à porter atteinte aux intérêts généraux de la production nationale.

Devant semblable déclaration, que corrobore d'ailleurs la situation même de la vente des houilles belges en France, on est surpris des menaces de ce profond protectionniste qui, faisant tort aux connaissances qu'il a des besoins de l'industrie française, écrivait, il y a quelques jours :

Si la Belgique venait à faire ce que, chez nous certains semblent craindre... ou espérer, est-ce que la France ne serait pas fondée à frapper d'une taxe de 5 francs par 1,000 kilogrammes les houilles au lieu de 1 fr. 20 ? Il n'en entrerait plus une tonne.

Et croyez-vous que la France en pâtirait? Ah! certes, nos houillères du Nord et de l'Est se mettraient vite en état de suppléer à cette perte. Puis il y a l'Angleterre, l'Angleterre qui nous fournit plus de quatre millions et demi de tonnes et qui ne demanderait pas mieux que de doubler cette fourniture.

Et qu'on tienne pour certain que nos embarras ne seraient pas très grands, tandis qu'en Belgique ?...

Que voudriez-vous que fît la Belgique de ces 4 millions de tonnes et des ouvriers qui en opèrent l'extraction? Est-ce que déjà elle n'a pas assez d'embarras avec ces ouvriers et les prétentions qu'ils affichent? Il ne manquerait plus que d'en priver vingt-cinq mille de leur travail. Ce serait un joli *tolle* là-bas !

Non, décidément, la Belgique ne tentera rien contre nous et toute chose, le premier mouvement d'humeur passé, s'arrangera très amicalement. Le risque, pour elle, serait trop grand à se fâcher.

Ces sentiments sont bien ceux que nous entendons exprimer tous les jours autour de nous; ils prouvent que le polémiste habile, qui dirige avec un incontestable talent le journal le plus écouté par les masses populaires, a dû trop s'inspirer de leurs erreurs pour avancer pareille inexactitude.

Pour les réfuter, nous croyons nécessaire d'extraire des tableaux statistiques francais et belges le mouvement commercial de la houille en 1889.

# STATISTIQUE FRANÇAISE

## HOUILLE

*Importations de la houille en France*

COMMERCE GÉNÉRAL

| PROVENANCES | QUANTITÉS IMPORTÉES PAR QUINTAL MÉTRIQUE OU 100 KILOS au taux de 2 fr. 20 le quintal | | | | |
|---|---|---|---|---|---|
| | Par navires français | Par navires étrangers | Par terre | Total | Valeur |
| | | | | | francs |
| Allemagne | » | 12,000 | 6,860,386 | 6,872,386 | 15,119,139 |
| Belgique | 16,008 | 7,953 | 38,675,766 | 38,699,727 | 85,139,399 |
| Angleterre | 7,382,442 | 32,798,350 | » | 40,180,792 | 88,397,744 |
| Italie | » | 13,199 | 4,483 | 17,682 | 38,900 |
| Autres pays | 4,063 | 1,724 | 513 | 6,300 | 13,860 |
| | 7,402,513 | 32,833,226 | 45,541,148 | 85,776,887 | 188,709,151 |

*Exportations de la houille de France*

| DESTINATIONS | QUANTITÉS EXPORTÉES PAR QUINTAL PAR TERRE OU PAR NAVIRES | |
|---|---|---|
| | Commerce spécial | Valeur calculée à 2 fr. 30 |
| | quintaux | francs |
| Allemagne | 533,503 | 1,227,058 |
| Belgique | 3,070,515 | 7,052,182 |
| Angleterre | 26,652 | 61,299 |
| Espagne | 996,861 | 2,282,780 |
| Italie | 1,592,996 | 3,663,890 |
| Suisse | 1,599,459 | 3,698,760 |
| Turquie | 87,974 | 202,340 |
| Japon | 67,582 | 155,448 |
| République Argentine | 22,861 | 52,580 |
| Algérie | 263,943 | 607,058 |
| États français du golfe de Guinée | 6,000 | 13,800 |
| Autres pays | 87,793 | 201,925 |
| Bâtiments à vapeur(1) | » | » |
| | 8,356,139 | 19,219,120 |

(1) Il a été embarqué à Marseille, Cette, Dunkerque, Bordeaux, Dieppe, Cherbourg, Bayonne, comme provisions de bord, tant sur navires français que sur navires étrangers, 2,536,998 quintaux métriques de houille de provenance française, dont il n'a été tenu compte dans le mouvement général d'exportation.

# STATISTIQUE BELGE

## HOUILLE

*Importations de la houille en Belgique*

| PROVENANCES | TOTAL (tonnes) | | VALEURS | | TAUX D'ÉVALUATION admis pour 1889 |
|---|---|---|---|---|---|
| | Commerce général | Commerce spécial | Commerce général | Commerce spécial | |
| | | | francs | francs | fr. c. |
| Allemagne | 555,174 | 412,156 | 7,994,505 | 5,935,046 | 14 90 la tonne |
| Angleterre | 294,042 | 281,664 | 4,234,205 | 4,055,961 | |
| **France** | **311,659** | **310,177** | **4,487,890** | **4,466,549** | |
| Pays-Bas | 619 | 615 | 8,913 | 8,856 | |
| Autres pays | 12 | 12 | 173 | 173 | |
| Total | 1,161,506 | 1,004,624 | 16,725,686 | 14,466,585 | |

*Exportations de la houille de Belgique*

| DESTINATIONS | TOTAL (tonnes) | | VALEURS | | TAUX D'ÉVALUATION admis pour 1889 |
|---|---|---|---|---|---|
| | Commerce général | Commerce spécial | Commerce général | Commerce spécial | |
| | | | francs | francs | fr. c. |
| Allemagne | 223,166 | 221,411 | 3,213,500 | 3,188,318 | 14 40 |
| Angleterre | 56,692 | 54,697 | 816,365 | 787,637 | |
| Canada | 8,710 | 8,710 | 125,124 | 125,424 | |
| Chili | 9,410 | 9,410 | 135,504 | 135,504 | |
| Chine | 8,500 | 8,500 | 122 400 | 122,400 | |
| Danemark | 8,735 | 6,605 | 125,784 | 95,112 | |
| Espagne | 8,800 | 8,270 | 126,720 | 119,088 | |
| États-Unis | 31,605 | 30,805 | 455,112 | 443,592 | |
| **France** | **3,650,217** | **3,512,135** | **52,563,125** | **50,574,744** | |
| Grand-duché de Luxembourg | 164,936 | 162,756 | 2,375,078 | 2,343,686 | |
| Italie | 7,570 | 7,320 | 109,008 | 105,408 | |
| Pays-Bas | 196,733 | 196,719 | 2,832,956 | 2,832,754 | |
| Russie | 8,630 | 5,600 | 124,272 | 80,640 | |
| Suède et Norwège | 9,511 | 5,616 | 136,959 | 80,871 | |
| Suisse | 6,400 | 5,990 | 92,160 | 86,256 | |
| Uruguay | 10,650 | 10,650 | 153,360 | 153,360 | |
| Autres pays | 26,317 | 24,506 | 378,904 | 352,886 | |
| Total | 4,436,582 | 4,279,700 | 63,886,781 | 61,627,680 | |

La comparaison de ces deux statistiques montre que si la France a dû importer 8,577,000 tonnes de charbons étrangers (commerce général) elle a conservé la plus grande partie pour son industrie, ses chemins de fer, sa marine, etc., puisque l'importation (commerce spécial) est à peu près la même et s'élève à 7,800,000 tonnes.

Une remarque qui doit frapper les esprits non prévenus : si la Belgique expédie plus de 3 millions de tonnes, elle effectue ses transports au profit des grandes compagnies et au profit de la battellerie française.

Les houilles anglaises, dont l'importation en France s'élève à 4 millions de tonnes, y arrivent au contraire pour les $\frac{4}{5}$ par des navires anglais.

De cette importation anglaise et allemande qui représente environ 5 millions de tonnes, les protectionnistes ont soin de ne point parler ; ils réservent toutes leurs menaces pour le pays dont l'exportation n'atteint pas 4 millions de tonnes, menaces dont la mise à exécution aurait pour résultat une augmentation de prix de cette matière première dont M. Tirard, ancien président du conseil, parlait en ces termes :

« Le droit de 1.20 à l'entrée des charbons étrangers grève « l'industrie à ce point que chaque fois qu'on lui demande « pourquoi elle ne peut supporter la concurrence avec l'é- « tranger, répond invariablement que la première cause d'in- « fériorité pour elle est dans le prix élevé du charbon en « France. »

C'est ce que proclame la commission des douanes dont on connait la compétence en matière de prohibition. Aussi, nul mieux que nous, n'apprécie ce qu'il a dû lui en coûter de faire connaître son avis de la manière suivante :

L'énumération des produits à insérer dans les deux tarifs a donné lieu à des difficultés. Il en est quelques uns que, d'un commun accord, le gouvernement et la commission ont tout de suite écartés, se sont les produits élémentaires dont nos industries ont absolument besoin pour leur fonctionnement régulier et que nous ne pouvons pas faire en quantité suffisante. Au premier rang de ces produits, se place la *houille*, ce pain de l'industrie, comme on l'a si justement appelée. Votre commission n'a pas voulu exposer nos industries au risque de payer plus cher, ne fût-ce qu'un instant, une matière première qui tient une si grande place dans l'ensemble de la production française.

Est-il sérieux, après la constatation de pareils faits, de faire miroiter aux yeux de la population cette perspective de développement à donner aux houillères du Nord et de l'Est, en niant le danger d'une prohibition? N'est-il pas au contraire avéré que l'extraction du charbon est subordonnée aux indications géologiques, qui ne permettent pas son développement au gré de ceux qui espéraient voir les ouvriers charbonniers belges souffrir d'une diminution de travail?

Ils s'imaginent que la Belgique est maîtresse de son propre marché. Ils ignorent cette statistique belge, qu'ils invoquent cependant lorsqu'elle doit favoriser leur argumentation. Ils oublient que les charbons anglais, allemands, et même ceux du Pas-de-Calais, nous font une concurrence redoutable, puisque leur importation en Belgique atteint 1 million de tonnes (commerce spécial). Pourtant, les charbonnages belges n'ont jamais songé à solliciter du gouvernement un impôt sur l'entrée des charbons étrangers, pas plus que ne demandent la surélévation du droit actuel de 1.20, les charbonnages français, sachant que les charbons belges ont des emplois tout spéciaux.

Ils sont indispensables à l'alimentation des diverses industries échelonnées le long de la frontière, entre Maubeuge et Sedan, en y comprenant toute la région entre Saint-Quentin et Reims. Le charbon belge se consomme également dans Paris et la banlieue, où il est recherché, malgré son prix élevé, pour sa qualité supérieure, à l'usage des foyers domestiques. Les charbons belges ont l'avantage de développer un pouvoir calorique plus considérable que la plupart des charbons français, en donnant moins de fumée et moins de cendres.

Ces considérations obligent, sans aucun doute, les grandes compagnies de chemins de fer, malgré leur désir de favoriser la production nationale, à avoir recours aux charbons belges et aux briquettes nécessaires à l'alimentation de leurs locomotives.

Les statistiques nous montrent la production de la houille, en France, insuffisante pour son exubérance de production manufacturière.

L'on compte, bien à tort, sur la nécessité absolue pour la Belgique d'exporter sa houille en France.

Ces statistiques nous montrent, par contre, en ce qui concerne les vins, que la Belgique est un débouché très sérieux pour la France.

Les protectionnistes ne doivent pas oublier que, lors de la conclusion du traité, qu'ils ont réussi à faire dénoncer, les négociateurs de leurs pays ont exigé, pour la sauvegarde de l'industrie vinicole, l'introduction de l'article 8 ainsi conçu :

Le droit d'accise sur les vins d'origine française, en cercles ou en bouteilles, est fixé en Belgique à vingt-trois francs l'hectolitre.

Le droit d'entrée sur les mêmes vins est supprimé.

Les craintes qu'avait la France, en 1881, vont-elles se réaliser aujourd'hui ?

Il est certain que si, en Belgique, on écoute les récriminations, les vins français devront à l'avenir supporter un droit très élevé.

La classe riche n'en consommera peut-être pas une bouteille de moins. — Les classes aisées, la bourgeoisie, pour lesquelles le vin est une boisson de luxe, en réduiront forcément la consommation.

L'augmentation du prix du vin dans le pays provoquera l'établissement de fabriques de vins de raisins secs.

Dans un temps rapproché, grâce au progrès de cette industrie, la concurrence des vins *belges* sera redoutable sur le marché de l'exportation lointaine, où l'on n'apprécie pas comme en Europe, le vin pur et généreux de France.

Ce revirement aura des conséquences funestes pour la production vinicole, qui n'aurait plus la perspective de voir se reproduire la statistique suivante :

# STATISTIQUE FRANÇAISE

## VINS

*Exportations de France en Belgique.*

| | | COMMERCE SPÉCIAL | TAUX MOYEN D'ÉVALUATION | TOTAL |
|---|---|---|---|---|
| | | hectolitres. | fr. | fr. |
| Vins en cercles | de la Gironde ....... | 65,313 | 115 | 7,510,995 |
| | d'ailleurs............ | 107,614 | 55 | 5,918,770 |
| Vins ordinaires en bouteilles. | de la Gironde........ | 1,773 | 225 | 398,925 |
| | d'ailleurs ............ | 52.745 | 225 | 11,867,625 |
| Vins de liqueur | en cercles........ ... | 609 | 130 | 79,170 |
| | en bouteilles......... | 688 | 150 | 103,200 |
| | | 228,742 | » | 25,878,685 |

# STATISTIQUE BELGE

*Importations en Belgique.*

| | | COMMERCE GÉNÉRAL | COMMERCE SPÉCIAL | VALEUR COMMERCE général | VALEUR COMMERCE spécial |
|---|---|---|---|---|---|
| | | hect. | hect. | fr. | fr. |
| De France.... | en cercles (1)....... | 187,452 | 161,735 | 16,870,750 | 14,556,174 |
| | en bouteilles (2).... | 42,757 | 14,750 | 15,392,631 | 5,310,166 |
| | | 220,209 | 176,485 | 32,263,381 | 19,866,390 |
| D'Allemagne... | en cercles (1)....... | 18,511 | 7,993 | 1,666,046 | 719.454 |
| | en bouteilles (2).... | 5,035 | 1,634 | 1,812,805 | 588,456 |
| | | 23,546 | 9,629 | 3,478,85 | 1,397,910 |

*Exportations de Belgique.*

| | COMMERCE GÉNÉRAL | COMMERCE SPÉCIAL | VALEUR COMMERCE général | VALEUR COMMERCE spécial |
|---|---|---|---|---|
| En cercles (1)...................... | 57,078 | 309 | 5,137,024 | 27,861 |
| En bouteilles (2).................... | 33,963 | 492 | 12,226,741 | 177,318 |
| | 91,041 | 801 | 17,363,765 | 205,179 |

(1) En cercles, valeur fixée à 90 francs l'hectolitre.
(2) En bouteilles, valeur fixée à 360 francs l'hectolitre.

La Belgique reçoit de France (commerce spécial) 176,000 hectolitres pour une valeur de près de 20 millions qu'elle consomme, alors que le surplus de 12 millions est réexporté par elle, soit donc un commerce général de 32 millions, qui n'est pas à dédaigner.

Dans les statistiques et nous venons de rappeler, tant pour la houille que pour le vin, on remarque les différences qui existent tant sur les quantités exportées et importées que sur leur valeur. Ne démontrent-elles pas une fois de plus que l'on doit se baser sur la statistique française pour établir d'une manière certaine la valeur réelle des échanges entre les deux pays ?

L'étude abrégée que nous en avons faite établit qu'à part la houille, les pierres et quelques autres produits de peu d'importance, la Belgique n'exporte guère en France que des marchandises qui lui viennent de l'étranger. La France lui envoie par contre ses produits sur lesquels l'empreinte du travail et du génie de ses ouvriers appartenant non seulement à la grande industrie, mais surtout à l'industrie parisienne, est marquée en caractères ineffaçables.

Si ces industries n'ont pas, dans la statistique française, une rubrique spéciale qui en ferait voir les progrès constants, on les retrouve dans les chiffres qu'indiquent les produits classés comme « autres articles et colis postaux » dont l'exportation pour la Belgique s'est élevée, en 1889, à 23 millions de francs, alors que l'exportation similaire belge en France n'a pu atteindre que 280,000 francs.

## IV

Parmi les motifs invoqués par le gouvernement français pour justifier l'orientation de sa politique commerciale, il en est un qui consiste à signaler les transformations que, depuis quelques années, les différents états ont fait subir à leur législation douanière.

S'arrêtant à ce qui s'est fait en Belgique, le gouvernement français a dû reconnaître que, sans modifier les dispositions générales de son tarif douanier, elle a, par une loi du 8 juin 1887, taxé les animaux sur pied et les viandes fraîches qu'elle admettait antérieurement en franchise. Il oubliait d'ajouter que, liée par le traité de 1881, la Belgique ne pouvait guère suivre une autre ligne de conduite. Quelle est, en résumé, la situation de la France vis-à-vis des différentes puissances avec lesquelles elle est liée ou non par des conventions commerciales ?

On peut les diviser en trois catégories distinctes :

Celles qui appartiennent à la *première catégorie* ont conclu des traités spéciaux fixant pour chacune d'elles les taxes douanières dont l'ensemble forme le tarif conventionnel applicable aux six pays suivants jusqu'au 1er février 1892 :

COMMERCE SPÉCIAL

| PAYS DONT LES TRAITÉS sont dénoncés | EXPORTATIONS et IMPORTATIONS réunies | EXPORTATIONS de FRANCE | IMPORTATIONS en FRANCE |
|---|---|---|---|
| 1° Belgique | 1,045,596,084 | 570,703,256 | 474,892,828 |
| 2° Suisse | 233,986,632 | 230,484,541 | 3,502,091 |
| 3° Espagne | 210,946,604 | 194,537,400 | 16,409,204 |
| 4° Pays-Bas | 70,907,336 | 36,028,220 | 34,879,116 |
| 5° Portugal | 30,809,406 | 28,612,200 | 2,197,206 |
| 6° Suède et Norvège | 17,920,221 | 16,605,590 | 1,314,631 |
| TOTAUX | 1,610,166,283 | 1,076,971,207 | 533,195,076 |

On le voit, l'ensemble du commerce de la Belgique forme à lui seul les deux tiers de celui des cinq autres pays réunis.

La *seconde catégorie* est formée des nations qui, par convention, se sont assuré les avantages concédés sur chaque article aux nations de la première catégorie ; c'est le régime du traitement de la nation la plus favorisée.

Les pays suivants sont placés sous ce régime :

COMMERCE SPÉCIAL

| PAYS SOUMIS AU RÉGIME du traitement de la nation la plus favorisée | EXPORTATIONS et IMPORTATIONS réunies | EXPORTATIONS de FRANCE | IMPORTATIONS en FRANCE |
|---|---|---|---|
| 1° Grande-Bretagne | 1,537,798,339 | 999,496,384 | 538,301,955 |
| 2° Allemagne (1) | 680,320,592 | 341,876,149 | 338,444,443 |
| 3° Russie | 228,067,215 | 17,887,864 | 210,179,351 |
| 4° Turquie | 181,076,398 | 50,488,211 | 130,588,187 |
| 5° Autriche-Hongrie | 147,196,392 | 22,590,196 | 124,606,196 |
| 6° Roumanie | 69,579,182 | 10,072,671 | 59,506,511 |
| 7° République Dominicaine | 48,742,023 | 5,252,926 | 43,489,097 |
| 8° Mexique | 33,937,038 | 28,297,234 | 5,639,804 |
| TOTAUX | 2,926,717,179 | 1,475,961,635 | 1,450,755,544 |

(1) Ce pays profite du régime du traitement de la nation la plus favorisée, en vertu du traité de paix de Francfort.

La *troisième catégorie* comprend les pays qui ne bénéficient pas du tarif conventionnel et dont les produits doivent, à leur entrée en France, supporter les taxes les plus élevées pour la plupart des articles, c'est-à-dire sont soumis au tarif général, qui peut toujours être modifié, même dans le sens d'une majoration de droits, comme le cas s'est présenté dernièrement pour un pays d'Europe.

Quatorze nations seulement sont placées sur un pied d'égalité vis-à-vis du tarif français.

Il suffisait à la France, pour reprendre sa liberté complète, de faire disparaître les avantages du tarif conventionnel, en supprimant celui-ci par la dénonciation des traités conclus avec les six pays de la première catégorie.

Travail de préparation fait de longue main, qui a donné les résultats attendus, avec tant d'impatience, par les dénonciations officielles adressées le 15 janvier à toutes les nations comprises dans la première catégorie.

Par cet acte diplomatique, la France aura, le 1er février 1892, repris sa liberté d'action vis-à-vis de toutes les nations.

Plus de traités spéciaux, par conséquent plus de négociations diplomatiques. Deux tarifs.

Le premier, appelé tarif *minimum*, est accordé d'ores et déjà aux huit pays qui s'étaient refusés à faire des traités.

Ce sont donc des avantages octroyés par anticipation à des nations qui, en 1881, n'avaient pas voulu en accorder à la France.

Pourquoi ces privilèges non déguisés? Il ne nous appartient pas d'en rechercher les causes, que nous devons nous borner à constater à regret.

Pour les obtenir, les six nations de la première catégorie devront seules donner des preuves que leur régime douanier et économique est établi de manière à favoriser sur leur territoire le développement du commerce de la France.

Les six petites puissances avaient cependant apporté ces preuves en 1881, en n'hésitant pas à compromettre leurs intérêts pour signer ces traités de commerce et d'amitié que l'on dénonce aujourd'hui.

Sans de nouvelles garanties, elles devront passer par les exigences stipulées dans le tarif général ou *maximum* que l'on pourrait appeler plus exactement le tarif des représailles qu'aggrave encore l'article 4 du projet de loi :

Le gouvernement est autorisé, pendant l'absence des Chambres et sous réserve de leur ratification ultérieure, à appliquer des surtaxes ou le régime de la prohibition à tout ou partie des marchandises originaires des pays qui appliquent ou appliqueraient des surtaxes ou le régime de la prohibition à des marchandises françaises.

Nous sommes les premiers à reconnaître que nous ne pouvons juger le projet de loi que dans ses conséquences pour les relations entre les deux pays. Cependant les résultats de son application seront également préjudiciables aux nations qui se verront appliquer le tarif *minimum.*

C'est ce qu'a fait ressortir en termes si énergiques la chambre de commerce française à Londres, jugeant les choses comme nous le faisons nous-mêmes, c'est-à-dire avec impartialité, avec un désir qui nous est commun, celui de voir augmenter la puissance industrielle et commerciale, de cette France aimée, où nous avons des intérêts si divers.

En adressant aux membres du Conseil supérieur du commerce et de l'industrie, à la Chambre des députés, une protestation motivée contre e tarif projeté, la chambre de commerce française de Londres use d'un droit qu'il ne nous appartient pas, à nous étrangers, de manifester avec la même autorité.

Sa protestation se termine ainsi :

Que pouvons-nous ajouter à ce résumé succinct du progrès moral et matériel réalisé par un demi-siècle de liberté ?

Qu'il nous serve de stimulant et d'enseignement pour secouer le joug des traditions funestes d'une politique économique en contradiction flagrante avec l'état de civilisation actuelle et condamnée non moins énergiquement par la pratique que par la théorie.

Ayons le courage de nous affranchir. Ayons le courage d'affirmer hautement que la France est majeure, que ses grandes industries n'ont besoin, pour prospérer et prendre tout leur essor, que d'une seule et unique protection : la protection tutélaire de la liberté !

En d'autres termes, et pour nous résumer, vous avez à choisir entre la politique économique des intérêts privés et celle des intérêts généraux.

C'est dire qu'une grande responsabilité morale pèse sur vous ! . .

Citons également la protestation de la chambre de commerce française de Bruxelles, qui, à la naissance de notre chambre, nous a souhaité une cordiale bienvenue :

Au risque d'être accusés de soutenir les intérêts belges au détriment de nos industries et commerce nationaux, nous avons, depuis *plusieurs années*, appelé l'attention de nos gouvernants sur les représailles inévitables.

En froissant, paraît-il, les sentiments protectionnistes bien connus de la chambre de commerce de Rouen, nous avons en 1889 proposé au congrès des chambres syndicales de France, au nom de la chambre de commerce française de Bruxelles, le vœu de voir admettre la libre concurrence dans les adjucations françaises, par l'admission des entrepreneurs belges au même titre que sont admis à soumissionner en Belgique les entrepreneurs et industriels français.

Ce vœu, accepté à l'unanimité par la 3e section ainsi qu'en réunion plénière, est resté sans sanction et notre gouvernement applique toujours les clauses restrictives contre lesquelles nous avons protesté les premiers et qui motivent aujourd'hui d'incessantes démarches, regrettables, mais bien naturelles de la part des entrepreneurs et industriels auprès de leur gouvernement, lequel, d'après des renseignements puisés à bonne source, va entrer à son tour dans cette voie réactionnaire, au grand préjudice de nos industriels de tous genres qui étaient reçus jusqu'à ce jour en Belgique comme ils le sont dans leur propre pays.

En effet, ne voyons-nous pas des entrepreneurs français construire en ce moment les forts de la Meuse, coût : 50 millions, les usines du Creuzot, de Saint-Chamond, Châtillon, Comentry, fournir des tourelles, canons, etc., bien d'autres encore, exécuter en Belgique des travaux, des fournitures de l'État; certains même, avoir quelquefois sur leurs concurrents une préférence marquée. Cette guerre de représailles, à laquelle on doit s'attendre, sera des plus tristes et causera aux amis de la liberté d'amères réflexions.

L'affirmation de la chambre de commerce française de Bruxelles a été produite à bon escient, puisqu'il y a quelques jours à peine un député belge faisait à la tribune nationale cette demande :

Nous savons tous que la France, pour des motifs que je n'ai pas à apprécier, insère aujourd'hui dans ses cahiers des charges que, pour participer à l'adjudication d'une entreprise ou d'une fourniture, il faut avoir la qualité de Français.

Je ne suis pas protectionniste, mais, en présence d'une exclusion aussi radicale, je voudrais, eu égard surtout au peu de travaux que nous exécutons en Belgique et vu le grand nombre d'entrepreneurs qui se présentent à toutes les adjudications, que nous insérions dans nos cahiers des charges une clause analogue à celle qui est inscrite dans les cahiers des charges français : ce serait donner une grande satisfaction à tous ceux qui s'occupent d'entreprises de travaux publics, et j'ose espérer que l'honorable ministre, après examen de la question, adoptera à cet égard ma manière de voir.

Devant les approbations qui ont accueilli cette revendication, le gouvernement belge, malgré tout son désir de ne pas avoir à recourir aux mesures de représailles, sera forcé d'exécuter les vœux des mandataires de la nation.

C'est ce que reconnaît le président de la chambre de commerce française de Charleroi, qui déclare :

Nous voyons préjuger, dans les centres industriels de notre circonscription, les conséquences regrettables que pourraient avoir pour notre pays la dénonciation de son traité de commerce avec la Belgique.

Je leur aurais également signalé la joie, non dissimulée, qu'éprouvent ici les industriels et les représentants allemands, à la pensée qu'ils seront avant peu de temps les maîtres de l'exportation vers la Belgique.

En ce qui concerne la France et la Belgique, laquelle des deux perdra le plus à cette guerre de tarifs ? J'espère que nos compatriotes ne comptent pas que la Belgique acceptera, sans y répondre, les coups que certains d'entre eux veulent lui donner? Ce serait de la naïveté. Eh bien ! n'est-ce pas la France qui a tout à perdre, en l'occurrence, puisque pour l'exercice 1889 (le dernier qui me tombe sous la main) elle exporte, vers la Belgique, 571 millions de produits divers, alors qu'elle n'en reçoit que 475, pour la plus grande partie matières premières.

Nous autres Français habitant la Belgique, qui ne nous occupons que du côté patriotique de la question, nous estimons, en dehors de tout autre intérêt, que la France, *pour de multiples raisons*, doit consolider, au lieu de les détruire, les excellentes relations d'affaires et d'amitié qu'elle s'est créées ici.

*Tout ce dont se félicite l'Allemagne doit forcément, dans la question qui nous occupe,* **être défavorable à la France.** C'est là un point de vue que devraient envisager tous ceux qui, dans un but d'égoïsme personnel, ne craignent pas de porter atteinte à l'exportation de notre pays, qui répand dans le monde entier les multiples merveilles de l'industrie, de la science et du génie français.

Ces organes du commerce français en Belgique, les sentiments qu'ils font connaître à leurs compatriotes, ne sauraient, pas plus que les nôtres, être mis en suspicion.

C'est leur patriotisme qui parle, et il est d'autant plus sincère qu'il est plus désintéressé. Leur affection pour leur patrie, leur désir de la voir grande et prospère, donnent à leurs avertissements une force et une autorité qu'on ne peut nier.

Bien que le gouvernement, en présentant son projet de loi, ait cru répondre aux vœux de la nation, il n'a point rencontré cette approbation unanime qu'il était en droit d'espérer. Il ne pouvait en être autrement.

Les intérêts s'étaient coalisés pour satisfaire leurs convoitises réciproques; mais l'accord n'a pu être de longue durée.

Les demandes du Nord se sont heurtées à celles du Midi. Au lieu du calme qui devait présider à une semblable rénovation douanière, l'agitation, résultant des appétits non satisfaits, s'est transformée en un chaos d'imprécations quelquefois haineuses.

Les uns, cherchant moins de peines, et peut-être plus de profits, comptent sur la suppression de la concurrence étrangère pour former, dans cette France si démocratique, une aristocratie manufacturière.

Les autres, ne disposant pas des moyens nécessaires pour perfectionner leur organisation, espèrent, grâce à une protection douanière exagérée, conserver une certaine suprématie sans devoir rien transformer de leur outillage suranné.

Aussi cette attitude des uns et des autres donne-t-elle des arguments irréfutables aux adversaires qui ont soin de rappeler avec raison la position critique d'un des chefs libre-échangistes qui présidait le congrès national de la viticulture, où l'on acclamait cette déclaration, bien faite pour surprendre les amis de la liberté : « Que le vin soit désormais, comme les « autres produits agricoles, exclu des traités de commerce et « qu'il soit soumis au tarif des douanes, au droit de 20 francs « l'hectolitre, sauf à relever ce droit, s'il est rendu illusoire « par les primes d'exportation accordées à leurs nationaux « par les puissances étrangères. »

Que l'on n'oublie pas que le droit est de 2 francs; la demande constitue donc une majoration de 18 francs l'hectolitre. Si les chefs acclament de pareilles décisions, il ne faut pas être surpris de voir les protectionnistes se métamorphoser en partisans de la prohibition pure et simple.

Après cela, il n'y a plus rien d'étonnant à voir le Nord réclamer la libre entrée des fils de coton nécessaires à sa fabrication, alors que l'Ouest en demande la prohibition pour assurer la prépondérance à ses filatures.

Si l'Est exige une protection pour son agriculture, le Midi met tout son espoir dans la liberté commerciale pour développer son commerce maritime. Bien plus, la lutte d'intérêts devient passionnée entre les producteurs d'une même région.

Les industries qui transforment la matière première, exigent une protection que combattent celles qui ont besoin de cette matière transformée pour lutter avec avantage sur le marché français et le grand marché d'exportation.

En résumé, chacun cherche la protection pour soi-même, sans s'inquiéter des conséquences qu'elle doit avoir pour son voisin ni pour le renom de la patrie.

Cette compétition d'intérêts nous fait toucher du doigt les changements brusques qui se produisent dans les décisions de la commission des douanes, dont quelques rapporteurs ont dû pousser le dévouement jusqu'à se rendre sur les lieux mêmes de production pour examiner si les doléances, qui leur parviennent, sont l'expression sincère des vœux de la majorité des industriels.

Il est fâcheux que de semblables enquêtes n'aient pu être faites d'une manière générale, car elles auraient eu pour résultat celui que nous constatons dans le fait suivant.

La pierre de petit granit que l'on appelle en Belgique pierre bleue, connue en France sous le nom d'Ecaussines, est un produit particulier au sol belge, employé surtout dans la construction.

A première vue, cette pierre, ne se rencontrant qu'en Belgique, n'ayant par conséquent pas de concurrence étrangère à redouter, semblait devoir ne pas gêner la pierre d'extraction française et encore moins l'industrie de la marbrerie.

Mais il est arrivé que ces « Écaussines » ont été moulurées

pour servir à la confection de quelques socles et cheminées.

Cet emploi de fantaisie n'a guère pu nuire aux intérêts des marbriers français, pas plus que ne pourrait le faire l'emploi de la brique pour les briqueteries en France, si ce produit était, par suite d'une bizarrerie de la mode, employé comme l'est actuellement la pierre bleue.

La marbrerie, voyant toutes les industries protégées, n'a rien trouvé de plus rationnel que de profiter de l'ardeur prohibitive de la commission des douanes, pour lui demander, ce qu'elle a d'ailleurs accordé de la meilleure grâce, de faire disparaître, par des droits exagérés, la concurrence du « petit granit belge ». En donnant satisfaction à la marbrerie, on compromettait l'industrie de la construction. La commission n'hésita cependant pas à majorer le droit d'entrée, de telle sorte qu'il fut porté, par mètre cube, à un chiffre supérieur à la valeur marchande du produit.

Les maîtres de carrières belges, en gens avisés, firent des démarches près du comité de la chambre de commerce française à Bruxelles et près du nôtre pour obtenir du rapporteur de la commission qu'on visitât les lieux d'extraction.

Il put après une enquête sérieuse décider ses collègues à modifier une décision basée sur des indications par trop intéressées, — ce que démontre la nouvelle résolution des douanes, qui vient d'adopter la taxe de :

« 27 francs le mètre cube au lieu de 189 francs fixés précédemment. »

Il est fâcheux que la coexistence de deux tarifs et la décision sion, prise par le Gouvernement, de rejeter sans examen toutes demandes de réduction du tarif minimum soumis aux Chambres, ne permettront plus d'ouvrir ces enquêtes sur l'exagération des droits proposés.

Cette situation difficile est le résultat du fonctionnement de ce nouveau rouage du double tarif.

Le Gouvernement, en proposant le principe du double tarif, a voulu éviter la conclusion de nouveaux traités de commerce. Tout en ne se prononçant pas définitivement, il a employé le moyen pratique de trancher la question du fonctionnement du nouveau régime économique.

Mais il n'a pas voulu prendre l'engagement de renoncer absolument au principe des traités.

Il n'a pas hésité un instant à déclarer que, s'il devait conclure une convention, les concessions à accorder ne pourraient descendre au-dessous des chiffres du tarif minimum.

En résumé, le tarif *général* forme le droit commun applicable à tout le monde ; le tarif *minimum*, celui à accorder dans certaines formes et sous certaines conditions.

Dans son rapport, le président de la commission des douanes détermine les deux manières possibles de concéder le tarif minimum sous forme de convention :

On peut le concéder comme un simple traitement de faveur sur le tarif général, mais sans prendre aucun engagement d'en maintenir indéfiniment les chiffres. Dans cette hypothèse, c'est uniquement nous engager à appliquer à la nation à laquelle nous faisons la concession notre tarif le plus bas; mais nous ne lui devons que cela, et nous restons les maîtres de remanier et de relever les chiffres mêmes de ce tarif si la nécessité nous en est démontrée. En un mot, nous ne promettons qu'une chose, c'est de ne jamais appliquer notre tarif général pendant la durée de la convention à la nation avec laquelle nous avons fait cet arrangement. Il y aurait une seconde manière d'accorder notre tarif minimum, ce serait de l'incorporer dans un véritable traité et d'en consolider ainsi les chiffres pour toute la durée du traité. Dans ce système, le tarif minimum prendrait alors la place de nos tarifs conventionnels actuels, avec une seule différence qu'il serait attribué en bloc, tandis que nos tarifs conventionnels ont été fabriqués par morceaux et par couches successives.

La commission a repoussé la seconde manière pour adopter la première. Elle a dû faire observer que sa décision ne pouvait porter atteinte à la prérogative que le Gouvernement tient de la Constitution de faire des traités sous sa responsabilité, sauf à soumettre cette décision à la ratification du Parlement.

Il est à présumer qu'un traité ayant une autre base que celle préconisée par la commission des douanes n'aurait guère de chance d'obtenir la sanction des mandataires de la nation.

Admettre ce système serait proclamer l'instabilité des contrats industriels et commerciaux. Vouloir être les maîtres exclusifs des tarifs pour les changer à tout propos, c'est empêcher les transactions, en supprimant la sécurité au lendemain.

Pour donner toute sa valeur à notre tarif minimum et décider les autres pays à le solliciter, *ajoute M. Méline,* il faut deux choses : c'est d'abord qu'il y ait un écart suffisant entre les chiffres des deux tarifs, de façon qu'il y ait beaucoup à gagner à prendre le tarif minimum, beaucoup à perdre à subir le tarif maximum. Il faut ensuite que les deux tarifs s'appliquent au plus grand nombre de produits possible, puisque plus on diminue le nombre de ces produits, plus on affaiblit la prime qui résulte de l'écart des deux tarifs.

C'est dans ce but que la commission a relevé le tarif général ou maximum.

En indiquant la raison d'être des deux tarifs, nous nous demandons comment il est possible d'admettre une convention dans laquelle une des parties défend par avance à en modifier ou même à en discuter les bases? C'est ce que le Gouvernement déclare dans son exposé des motifs, en avouant que les réductions à faire aux pays qui accorderaient des avantages corrélatifs ne pourront, en *aucun cas*, descendre au-dessous du tarif minimum.

Supposer un instant que la Belgique pourrait contresigner un traité basé sur de tels principes, ce serait croire que son commerce et son industrie sont désormais impuissants à trouver par ailleurs des débouchés pour les quelques produits qu'ils fournissent encore à la France.

# V

Nous venons de rappeler les protestations des Français établis à l'étranger, en ayant soin de laisser de côté les récriminations des adversaires que le projet du gouvernement rencontre en France.

Les décisions de la commission des douanes ont produit une réaction salutaire chez ceux qui entrevoyaient le salut dans le système protectionniste.

Les dangers se précisent, et, comme l'écrit un polémiste distingué, on aperçoit maintenant « l'abîme où peuvent sombrer du même coup le génie et l'argent de la France. »

La réaction est d'autant plus vive que l'application de cette protection produirait un résultat touchant directement aux intérêts très sensibles des écrivains et des journalistes qui s'en étaient faits de prime abord les plus ardents défenseurs.

D'importants organes de la presse ouvrent les yeux à la lumière.

Sous le régime actuel, les pâtes de bois indispensables à la fabrication du papier, sont exemptes de droits.

Le projet du Gouvernement taxe ce produit à raison de 1 fr. 50 par 100 kilos au tarif général et de 1 fr. au tarif minimum.

La commission des douanes, désireuse de donner à la sylviculture une preuve de son intérêt tutélaire, augmente ce droit dans des proportions considérables ; les fabricants de papier n'hésitent pas à déclarer que cette exagération aura comme conséquence inéluctable l'augmentation du prix des papiers, c'est-à-dire la matière première destinée à ceux que protège particulièrement la convention annexe qui fixe les droits de la propriété littéraire et artistique, dénoncée par la Belgique.

Cette dénonciation a donné lieu à des plaintes amères et à des reproches immérités.

Les présidents et délégués des sociétés (auteurs dramatiques, compositeurs de musique, gens de lettres, journalistes, éditeurs, etc.) n'ont pas voulu préconiser de tels moyens à l'appui de leurs protestations.

Ils ont compris que c'était à leur gouvernement qu'il fallait montrer les dangers que présente la dénonciation des conventions visées.

Le traité dénoncé n'a plus sous ce rapport qu'un intérêt secondaire. En 1883 et 1886 ont été conclues deux conventions internationales, en vue de protéger la propriété industrielle et les droits des littérateurs et des artistes. Les traités de Paris et de Berne sont des conventions que le gouvernement belge pourrait être amené à dénoncer.

Les étrangers pourraient encore invoquer la protection de l'article 38 de la loi du 22 mars 1886 sur les droits d'auteur :

Les étrangers jouissent en Belgique des droits garantis par la présente loi, sans que la durée de ceux-ci puisse, en ce qui les concerne, excéder la durée fixée par la loi belge.

Toutefois, s'ils viennent à expirer plus tôt dans leur pays, ils cesseront au même moment en Belgique.

Cet article de loi accorde aux étrangers la plénitude des droits consacrés en faveur de nos nationaux.

Mais cet article 38 est un acte unilatéral, que le Parlement belge peut abroger.

Le pays réclamera-t-il, dans un accès de mauvaise humeur, l'abrogation de l'article 38 ?

La Belgique, de même que la Suisse, deviendrait alors la terre promise des contrefacteurs qui n'osent s'y aventurer actuellement.

Les produits les plus recherchés seraient remplacés par de vulgaires contrefaçons.

Voit-on, par exemple, expédier au Brésil, au Mexique, dans la République Argentine, de nauséabondes mixtures dans les mêmes flacons, avec les mêmes marques, les mêmes noms que ceux qui distinguent et font la renommée de la parfumerie française ?

Que pourraient faire les producteurs français si connus contre de semblables agissements, quelle protection pourraient-ils réclamer d'un pays avec lequel ils auraient rompu les relations commerciales ?

En signalant le danger, nous cherchons à l'éviter.

Nous le faisons pour maintenir intactes entre les deux nations amies les relations commerciales et industrielles.

Comme le constate le syndicat des éditeurs-libraires et des éditeurs de musique, la France supportera la responsabilité des représailles, d'autant plus graves qu'elles auront pour effet de restreindre *l'usage de la langue française à l'étranger*.

Il faut bien peu connaître le mouvement commercial pour perdre de vue que la renommée de Paris est étroitement liée à son prestige universel.

C'est Paris qui crée la mode, et tout ce qui porte son originalité, son cachet indélébile, a une valeur incomparable.

Sa production est limitée à certains articles ; il fait venir de la province ou de l'étranger les nouveautés que seul il inspire.

Nous en avons un exemple frappant dans le commerce important de la dentelle, que Paris ne produit pas et que, pourtant, il fournit au monde entier.

Il est tributaire de la Belgique pour les dentelles riches, de Calais, de Caudry, du Puy pour les genres de bas prix, de Nottingham pour les imitations. Ces dentelles sont appréciées grâce aux maisons parisiennes. Ne serait-ce pas arrêter leur développement et celui des grandes maisons de nouveauté, que de restreindre leur influence en mettant des entraves à leur moyen d'action ?

Vouloir obliger celles-ci à être tributaires des produits essentiellement français, ce serait les contraindre à imposer aux consommateurs, et surtout aux consommatrices, des volontés devant lesquelles leurs exigences et leurs caprices sauraient résister.

Leur situation actuelle dirige la production, à ce point que des dentelles belges sont expédiées à Paris pour être revendues avec avantage jusque dans les pays de production.

Les dentelles de Nottingham doivent traverser le détroit pour obtenir à Paris ce cachet riant de la nouveauté, inconnu sous un ciel brumeux. Les femmes belges et anglaises réclament ces produits de la mode parce qu'ils ont obtenu leur cachet de naturalisation parisienne.

En augmentant les droits d'entrée sur les dentelles, on en paralyse le négoce au grand détriment du prestige de la « mode de Paris ». La grande capitale entrevoit cette perspective avec crainte, car l'exemple de la dentelle s'applique à un nombre incalculable de marchandises.

Il est naturel que, dans le déluge des exigences protectionnistes, Paris reste l'arche du mouvement libre-échangiste.

Les voyageurs de commerce, que les négociateurs du traité franco-belge avaient eu soin de ne pas laisser dans l'oubli, s'élèvent aujourd'hui contre l'article 22 qui leur accorde l'avantage d'une patente fixe de vingt francs.

Ils demandent aux pouvoirs publics, en attendant une augmentation de la patente pour les voyageurs étrangers, une application rigoureuse de cet article, alors que les voyageurs belges qui exercent leur profession en France forment l'infime minorité.

En agissant ainsi, ils ne tiennent aucun compte de la mansuétude de la douane qui pourrait user de réciprocité vis-à-vis des voyageurs de commerce français qui viennent en Belgique.

Ceux-ci obéissent à ce principe immuable, qui dirige la politique commerciale de la France : la clause de « la nation la plus favorisée » ne doit plus profiter à ceux qui l'ont obtenue par la contrainte.

On entrevoit dans cette clause les avantages des réductions que l'Allemagne pourrait consentir à tel ou tel de ses voisins.

C'est la planche de salut que pour rien au monde on ne voudrait abandonner.

Pour arriver à ce résultat tant désiré, nous nous demandons si c'est la petite Belgique qui devra en supporter les conséquences; si la France jugera convenable de lui soumettre un traité de commerce basé sur les clauses léonines que l'on connaît?

Des **654 catégories d'articles** dont le tarif français sera formé, il n'y en aura, d'après le projet du gouvernement, qu'une centaine dans toutes leurs subdivisions qui pourront entrer complètement en franchise de droits, — quantité que réduit encore le projet de la commission des douanes.

Le tarif actuellement en vigueur comprend **579 articles,** sur lesquels :

137 sont exempts de droits d'entrée dans toutes leurs subdivisions au tarif général et 144 exempts au tarif conventionnel.

En Belgique, sur ces mêmes catégories de *579 articles*, il y en a *279* (deux cent soixante-dix-neuf) qui, dans toutes leurs subdivisions, entrent en franchise complète.

Ce résumé indique les principes qui dirigent la politique commerciale belge et dont on doit tenir compte dans la conclusion d'un traité.

Cette politique, la Belgique pourra-t-elle continuer à la pratiquer ? Nous ne le pensons pas.

Nous avons la conviction profonde que le gouvernement ne pourra résister plus longtemps aux volontés manifestées avec tant d'énergie par les organes du commerce et de l'industrie.

Si, comme nous le souhaitons, un traité de commerce est conclu entre la France et la Belgique, il faudra demander aux mandataires de la nation française une diminution sensible sur quelques produits essentiellement belges auxquels on ferme la porte par des droits exagérés. Nous recommanderons à nos compatriotes d'être modérés dans leurs justes revendications.

Qu'ils imitent, pour l'élaboration de leur tarif général, les indications du tarif français.

Qu'ils adoptent, avec le moins d'exceptions possibles, la perception du droit spécifique, et qu'ils fixent le quantum des droits toujours au-dessous de celui du tarif français.

En suivant cette ligne de conduite, notre pays fera voir que, s'il applique la réciprocité en matière de droits, restera toujours le pays où ils sont le moins élevés.

Dans les demandes à formuler, ils auront soin de laisser de côté celles se rapportant à des marchandises que l'étranger produit dans de meilleures conditions que nous.

Restons toujours prudents et conciliants.

Nous comptons sur l'esprit de justice de chacun pour consolider les relations nécessaires qui existent entre les deux pays.

En attendant, préparons-nous à conclure ce traité en donnant à nos négociateurs éventuels l'instrument nécessaire à leur travail, c'est-à-dire un tarif général, s'inspirant des besoins de notre industrie et de notre commerce.

Paris. — Imprimerie Paul Dupont 4, rue du Bouloi (Cl.) 536.5.91.

www.ingramcontent.com/pod-product-compliance
Ingram Content Group UK Ltd.
Pitfield, Milton Keynes, MK11 3LW, UK
UKHW022139190726
13855UKWH00003B/1236